Making Out in Chinese

Revised Edition

by Ray Daniels
revised by Haiyan Situ

TUTTLE PUBLISHING
Tokyo • Rutland, Vermont • Singapore

Published by Tuttle Publishing, an imprint of Periplus Editions (HK) Ltd., with editorial offices at 364 Innovation Drive, North Clarendon, Vermont 05759 and 130 Joo Seng Road,#06-01/03, Singapore 368357

LCC Card No. 93-60059
ISBN 0-8048-3390-7

Printed in Singapore

Distributed by:

North America, Latin America & Europe
Tuttle Publishing
364 Innovation Drive
North Clarendon, VT 05759-9436, USA
Tel: (802) 773 8930;
Fax: (802) 773 6993
Email: info@tuttlepublishing.com
www.tuttlepublishing.com

Japan
Tuttle Publishing
Yaekari Building 3F
5-4-12 Osaki, Shinagawa-ku
Tokyo 141-0032, Japan
Tel: (03) 5437 0171;
Fax: (03) 5437 0755
Email: tuttle-sales@gol.com

Asia-Pacific
Berkeley Books Pte Ltd
130 Joo Seng Road, 06-01/03,
Singapore 368357
Tel: (65) 6280 1330;
Fax: (65) 6280 6290
Email: inquiries@periplus.com.sg
www.periplus.com

10 09 08 07 06 05
8 7 6 5 4 3

Contents

Introduction

The idea behind *Making Out in Chinese* is to aid those who wish to speak real Chinese rather than the dry textbook style taught all over the world. No one really speaks textbook English, and the same is true of Chinese, so why not make out using real everyday Chinese? This book will save students valuable study time so that they can quickly move on to communicate naturally. I hope you will be successful in your attempts at making out in Chinese!

INFORMATION

Customs, habits, and traditions vary greatly throughout the world, and the traveler must take this into consideration when encountering other cultures. In my travels throughout China, I have often heard the expression: *Nǐmen shīfāng rén hún kāifàng. Wǒmen jōnggúo rén hǔnbówshǒ* (You Westerners are very liberal. We Chinese are very conservative). The forwardness of Western men and women, particularly in dealings with the opposite sex, has left many Chinese with the impression that Westerners are lacking in morals. If you are amorously interested in a Chinese, or just want to make friends, an indirect approach is recommended. It's better to give subtle hints about your feelings rather than just come out with them directly. The more subtle you are, the more well-intentioned you will seem.

The phrases in this book will be comprehensible in all Chinese-speaking countries. However, the degree of openness, especially in sexual matters, differs from country to country. My own personal ranking, from most liberal to most conservative, is as follows: Hong Kong, mainland China, Macao, Taiwan, Singapore,

Malaysia. My high ranking of mainland China may surprise some, but a great deal of openness is due to the number of Chinese seeking a foreign partner (and passport!).

PRONUNCIATION TIPS

All words in Chinese have a tone, and an incorrect tonal pronunciation can greatly change a word's meaning. For example:

The first tone (‾): The word *mā* spoken with first tone means "mother." The first tone is an even pitched sound, almost like singing.

Second tone (′): The word *má* with second tone means "hemp." The second tone rises, like one would say the word "right?"

Third tone (ˇ): The word *mǎ* spoken with the third tone means "horse." It is pronounced with a lowering of the voice.

Fourth tone (‵): The word *mà* with fourth tone means "to scold" (for instance, if one were to reprimand someone, one would *mà!* the said individual). The fourth tone is spoken sharply, like the word "Damn!"

There is one more tone, *mǎ*, referred to by the Chinese as "light sound," which indicates that the syllable should be spoken like the fourth tone pronunciation of the word "Damn!" except shorter (as if the speaker had tried to say "Damn" but only had time to pronounce the "da").

I advise the reader not to worry about the tones but to focus on the phonetic transcriptions which have been written so that English speakers can pronounce them easily. Just as English is spoken with different accents, so is Chinese; learners of Chinese must therefore develop an ear for the language.

CONSONANTS

The following offers a guide to the pronunciation of the standard *Hanyu Pinyin* system of romanization, which is used almost all over the world.

Most consonants are pronounced as in English.

<u>Chinese</u>	<u>English</u>
c	*i**ts***
q	**ch**e*at* (said with a puff of air)
r	u***r****n*
x	**sea**
z	b*i**ts***
ch	**ch**u*rch* (said with one's tongue rolled back and with a puff of air)
sh	**sh**i*t* (said with one's tougue rolled back)
zh	**j**e*rk* (said with one's tongue rolled back)

VOWELS

<u>Chinese</u>	<u>English</u>
a	*f**a**ther*
e	*h**e**n*
i	*p**i**n* (A simple "i" is pronounced as "e" in *h**e***)
o	*g**o***
u	*J**u**ly*
ü	*f**eu**d* (said with rounded lips)
ao	*h**ow***
ei	*h**ay***
ou	*n**o*** (said with a slight pull)
ui	***wai****t*

The more challenging combinations are as follows:

ci	*i***ts**
qi	**ch***ip*
si	**s***wing*
zi	*bi***ts**

The "i" in *ci*, *si* and *zi* is silent.

In the subsequent sections of the book, the *Hanyu Pinyin* system of romanization is presented on the right with phonetic transcriptions given below it. Phonetic transcriptions are included to cue you in on the English equivalent of a speech sound in the *Hanyu Pinyin* system.

TENSES

Tenses are expressed simply in Chinese. If you want to express that you already did something, you can add the word *lǔh* at the end of the sentence. If you wish to express that you will do something, you can use the words *jiāng huày*. For example., "I will go" is *Wǒ jiāng huày chìu*. A sentence can also be made past or future by the use of time words such as *míng tiēn* (tomorrow) or *dzúo tiēn* (yesterday). Time is usually mentioned at the beginning of a sentence. For example, "I will go tomorrow" is *Wǒ míng tiēn chìu*; "I went yesterday" is *Wǒ dzúo tiēn chìu lǔh*.

Basic
Phrases

1

Who?
谁?

Shéi?
(Sháy?)

What?
什么?

Shén me?
(Shém-můh?)

Where?
哪里?

Ná li?
(Nár-li?)

When?
什么时候?

Shén me shí hòu?
(Shém-můh shér-hò?)

Why?
为什么?

Wèi shén me?
(Wày shém-můh?)

How?
怎么样?

Zěn me yàng?
(Dzěm můh yàng?)

Whose?
谁的?

Shúi de?
(Sháy důh?)

This
这个

Zhè ge
(Jùh-gůh)

That
那个

Nà ge
(Nàh-gůh)

Here
这里。

Zhè li
(Jùh-li)

There
那里

Nà li
(Nàh-li)

If
如果

Rú guǒ
(Rú-guǒ)

But
但是

Dàn shì
(Dèn-shèr)

However
可是

Kě shì
(Kúh shèr)

Nevertheless
不过

Bú guò
(Bú-guò)

Because
因为

Yīn wéi
(Īng-wáy)

Thus
那么

Nà me
(Nàh-mǔh)

So, therefore
所以

Suó yi
(Suó-i)

Yes
是的

Shì de
(Shèr dǔh)

The verb "to be"
是

Shì
(Shèr)

No
不
不是的

Bù
(Bù)
Bú shì de
(Bú shèr dǔh)

Maybe
可能

Kě néng
(Kŭh núng)

Maybe not
可能不是

Kě néng bú shì
(Kŭh-núng bú shèr)

I
我

Wǒ.
(Wǒ.)

You
你。

Nǐ
(Nǐ)

He/She/It
他／她／它

Tā
(Tā)

We
我们

Wǒ men
(Wǒ-měn)

You (plural)
你们

Nǐ men
(Nǐ-měn)

They
他们／她们／它们

Tā men
(Tā-měn)

Don't ...
不要

Bú yào...
(Bú yòw...)

I would like to ... .
我想…

Wó xiǎng... .
(Wó shiǎng... .)

I don't want to ... .
我不想…

Wǒ bù xiǎng... .
(Wó bù shiǎng... .)

Hear, listen
听

Tīng
(Tīng)

See, look
看

Kàn
(Kàn)

Smell
闻

Wén
(Wén)

Touch.
摸

Mō
(Mō)

Listen to me!
听我说!

Tīng wǒ shuō!
(Tīng wǒ shuō!)

Have you seen Lee?
你看到李了吗?

Nǐ kàn dào lǐ le ma?
(Nǐ kàn dòw lée lǔh mǎ?)

I saw Lee.
我看到李了。

Wǒ kàn dào lǐ le.
(Wó kàn dòw lée lǔh.)

I want to go and see you!
我想去看你!

Wó xiǎng qù kàn nǐ!
(Wó shiǎng chìu kàn nǐ!)

I want meet you!
我想见你!

Wó xiǎng Jiàn nǐ!
(Wó shiǎng Jièn nǐ!)

I'll show it to you.
我给你看。

Wó géi nǐ kàn.
(Wó gáy nǐ kàn.)

Please (polite)
请

Qǐng
(Chǐng)

Please (begging)
拜托

Bài tuō
(Bài-tuō

Also means "please" as in "What do you take me for?"

Thank you.
谢谢。

Xiè xie.
(Shièh-shièh.)

You're welcome.
不谢。

Bú-xiè.
(Bú-shièh.)

Don't mention it.
不客气。

Bú kè qì.
(Bú kùh-chèe.)

Where is the toilet?
厕所在哪儿？

Cè suǒ zài nǎ ér?
(Tsè-suó zài nár?)

Where is the washroom?
洗手间在哪儿？

Xí shǒu jiān zài nǎ ér?
(Shí shǒu jiān zài nár?)

What is this?
这是什么？

Zhè shì shén me?
(Jùh shèr shém-mǔh?)

What is this/that called?
这个／那个叫什么？

Zhè ge/Nà ge jiào shén me?
(Jùh-gǔh/Nàh-gǔh jiòw shém-mǔh?)

What does ... mean?
…是什么意思？

... shì shén me yì si?
(... shèr shém-mǔh ì-sź?)

How do you pronounce this?
这个怎么念？

Zhè ge zěn me niàn?
(Jùh gǔh dzém-mǔh nièn?)

I have a question.
我有一个问题。

Wó yǒu yí ge wèn tí.
(Wó yǒ í-gǔh wèn-tí.)

Do you understand?
懂不懂？

Dǒng bu dǒng?
(Dǒng bǔ dǒng?)

Are you clear about it?
你明白吗？

Nǐ míng-bai ma?
(Nǐ míng-bǎi mǎ?)

I don't understand.
我不懂。

Wǒ bù dǒng.
(Wó bù dǒng.)

I am not clear (on this matter)
我不明白。

Wǒ bù míng bai.
(Wǒ bù míng-bǎi.)

I know.
我明白。

Wǒ míng bai.
(Wǒ míng-bǎi.)

I understand.
我懂。

Wó dǒng.
(Wó dǒng.)

Please explain.
请解释。

Qíng jiě shì.
(Chíng jiěh shèr.)

Please clarify.
请说明。

Qǐng shuō míng.
(Chíng shuō míng.)

Complex
复杂

Fù zá
(Fù-záh)

Simple, easy
简单

Jiǎn dān
(Jién-dān)

Difficult
困难

kùn nan
(Kwèn-nǎn)

No wonder.
怪不得。

Guài bù dé.
(Guài bǔ dúh.)

It's obvious.
很明显。

Hěn míng xiǎn.
(Hún míng shiěn.)

I know.
我知道。

Wǒ zhī dào.
(Wǒ jēr-dòw.)

I don't know.
我不知道。

Wǒ bù zhī dào.
(*Wǒ bù jēr-dòw.*)

I forgot.
我忘记了。

Wǒ wàng jì le.
(*Wǒ wàng-jì lǔh.*)

I remember.
我记得。

Wǒ jì de.
(*Wǒ jì dǔh.*)

Tell me.
告诉我。

Gào sù wǒ.
(*Gòw-sù wǎ*)

What did you say?
你说什么?

Nǐ shuō shén me?
(*Nǐ shuō shém-mǔh?*)

Is it OK?
好不好?

Hǎo bu hǎo?
(*Hǒw bǔ hǒw?*)

Is it acceptable?
可以吗?

Ké yǐ ma?
(*Kúh-ǐ mǎ?*)

Can you do it?
行吗?

Xíng ma?
(*Shíng mǎ?*)

No way (you don't have permission).
不行!

Bù xíng!
(*Bù shíng!*)

Have permission.
行。

Xíng.
(Shíng.)

Either is fine.
都可以。

Dōu ké yǐ.
(Dōh kúh-ǐ.)

Is this right?
对不对?

Duì bu duì?
(Dwày bǔ dwày?)

Right
对。

Duì
(Dwày)

By the way.
顺便说。

Shùn biàn shuō.
(Shuèn-bièn shuō.)

Wrong
不对

Bú duì
(Bú dwày)

Success
成功

Chéng gōng
(Chúng gōng)

Failure
失败

Shī bài
(Shēr bài)

Almost
几乎

Jǐ hū
(Jǐ-hǔ)

Same
一样

Yí yàng
(Í-yàng)

About the same.
差不多。

Chā bù duō.
(Chā bù-duō.)

Imitate
模仿

Mó fǎng
(Muó fǎng)

I'm in trouble!
我有麻烦了!

Wó yǒu má fan le!
(Wó yǒ má-fǎn lǚh!)

What's wrong with you?
你怎么了?

Ní zěn me le?
(Ní dzěm-mǔh lǚh?)

What's wrong?
有什么问题?

Yóu shén me wèn tí?
(Yó shém-mǔh wèn-tí?)

Nothing's wrong!
没问题吧。

Méi wèn tí ba.
(Máy wèn-tí bǎ.)

You aren't hurt, are you?
你没事吧?

Nǐ méi shì ba?
(Nǐ máy shèr bǎ?)

Do you need help?
你需要帮助吗?

Nǐ xū yào bāng zhù ma?
(Nǐ shīu yòw bāng-jù mǎ?)

I need help.
我需要帮助。

Wǒ xū yào bāng zhù.
(Wǒ shīu yòw bāng-jù.)

I don't need help.
我不需要帮助。

Wǒ bù xū yào bāng zhù.
(Wǒ bù shīu yòw bāng-jù.)

I'll help you do it.
我帮你做?

Wǒ bāng nǐ zuò.
(Wǒ bāng nǐ dzuò.)

Help me.
帮我一下?

Bāng wǒ yí xià.
(Bāng wǒ í-shiàh.)

Help!
救命!

Jiù mìng!
(Jioù-mìng!)

Be careful!
小心!

Xiǎo xīn!
(Shiǎu shīn!)

Dangerous!
危险!

Wēi xiǎn!
(Wāy-shiěn!)

Careless
不小心

Bù xiǎo xīn
(Bù shiǎu shīn)

I'm sick.
我病了。

Wǒ bìng le.
(Wǒ bìn lǔh.)

Where's the hospital?
医院在哪儿?

Yī yuàn zài nǎ ér?
(ī-yuèn zài nǎr?)

How much?
多少?

Duō shǎo?
(Duō shǎu?)

Buy it!
买下来!

Mǎi xià lái!
(Mǎi shiàh lái!)

I don't want to buy it.
我不想买。

Wǒ bù xiǎng mǎi.
(Wǒ bù shiǎng mǎi.)

It's too expensive!
太贵了。

Tài guì le!
(Tài guày lǔh!)

Very poor quality.
很烂。
质量不好。

Hěn làn.
(Hǔn làn.)
Zhì liàng bù hǎo.
(Jì liàng bù hǒw.)

Give me a better price.
算便宜点。

Suàn pián yì diǎn.
(Swàn pién-ì dién.)

Do you want it?
要不要？

Yào bù yào?
(Yòw bù yòw?)

I want ... .
我要…。

Wǒ yào… .
(Wǒ yòw… .)

I don't want ... .
我不要…。

Wǒ bú yào… .
(Wǒ bú yòw… .)

Please give me change.
请给我换零钱。

Qǐng géi wǒ huàn líng qián.
(Chǐng gáy wǒ huàn líng-chién.)

Enough?
够了吗？

Gòu le ma?
(Gò lǔh mǎ?)

Enough.
够了。

Gòu le.
(Gò lǔh.)

Not enough.
不够。

Bú gòu.
(Bú gò.)

Satisfied?
满意吗？

Mǎn yì ma?
(Mǎn-ì mǎ?)

Satisfied.
满意。

Mǎn yì.
(Mǎn-ì.)

Not satisfied.
不满意。

Bù mǎn yì.
(Bù mǎn-ì.)

Separate
分开

Fēn kāi
(Fēn-kāi)

Put together.
放在一起。

Fàng zài yì qǐ.
(Fàng zài ì-chí.)

All together.
一共。

Yí gòng.
(Í-gòng.)

It's OK (acceptable).
还可以。

Hái ké yǐ.
(Hái kúh-ǐ.)

Give it to me.
给我。

Géi wǒ.
(Gáy wǒ.)

Here, take it.
拿去吧。

Ná qù ba.
(Náh chìu bǎ.)

Hold this.
拿着。

Ná zhe.
(Náh jǔh.)

I have ... .
我有…。

Wó yǒu… .
(Wó yǒ… .)

I don't have ... .
我没有…。

Wǒ méi yǒu… .
(Wó máy yǒ … .)

What's next?
接下来呢?

Jiē xià lái ne.
(Jiēh shiàh lái nǔh?)

Last time.
上次。

Shàng cì.
(Shàng ts.)

This time.
这次。

Zhèi cì.
(Jày ts.)

Next time.
下次。

Xià cì.
(Shiàh ts.)

A long time ago.
很久以前。

Hén jiǔ yǐ qián.
(Hún jioǔ í-chién.)

Just a moment ago.
刚才。

Gāng cái.
(Gāng tsái.)

After
以后

Yǐ hòu
(í-hò)

Before
以前

Yǐ qián
(í-chién)

Time
时间

Shí jiān
(Shí jēn)

What time? (When?)
什么时候？

Shén me shí hòu?
(Shém-mǔh shér-hò?)

What time is it (now)?
现在几点了？

Xiàn zài jí diǎn le?
(Shièn zài jí-dién lǔh?)

Sometimes
有时候

yǒu shí hòu
(Yǒ shér-hò)

Always
经常

Jīng cháng
(Jīng-cháng)

Seldom
很少

Hén shǎo
(Hún shǎo)

Occassionaly
偶尔

Óu' ěr
(Ó-ér)

Never
从来没有

Cóng lái méi yǒu
(Tsóng lái máy yǒ)

Not even once.
一次都没有。

Yí chì dōu méi yǒu.
(Í-ts dōh máy yǒ.)

At long last/finally
总算

Zǒng suàn
(Jǒng Swàn)

Forever
永远

Yóng yuǎn
(Yóng yuǎn)

Please fix … .
请修理…。

Qǐng xiūlǐ… .
(Chǐng shioū-lǐ… .)

Of course.
当然。

Dāng rán.
(Dāng rán.)

Convenient.
方便。

Fāng biàn.
(Fāng-bièn)

Not convenient.
不方便。

Bù fāng biàn.
(Bù fāng-bièn.)

Definitely/For sure.
一定。

Yí dìng.
(Í-dìng.)

**Not definitely/Not
 necessarily.**
不一定。

Bù yí dìng.
(Bù í-dìng.)

It's impossible.
不可能。

Bù kě néng.
(Bù kǔh-núng.)

It's possible.
可能。

Kě néng.
(Kǔh-núng.)

No patience.
没耐心。

Méi nài xīn.
(Máy nài shīn.)

No confidence.
没信心。

Méi xìn xīn.
(Máy shìn shīn.)

Don't worry!
不要担心。

Bú yào dān xīn!
(Bú yòw dān shīn!)

Be happy!
高兴一点。

Gāo xìng yì diǎn!
(Gāu-shìng ì-diěn!)

Happy Birthday!
生日快乐!

Shēng rì kuài lè!
(Shēng rì kwài-lùh!)

Happy
高兴

Gāo xìng
(Gāu-shìng)

Lucky
辛运

Xìng yùn
(Shìng Yuèn)

Unlucky
倒霉

Dǎo méi
(Dǒw-máy)

Unfortunate
不辛

Bú xìng
(Bú shìng)

Getting Acquainted

2

What's your family name?
您贵姓？

Nín guì xìng?
(Nín guày shìng?)

This is a very polite way to ask someone's name and should be said when meeting someone for the first time. *Nín* is an especially polite form of "you," and *guày* means "honorable."

What's your name?
你叫什么名字？

Ní jiào shén me míng zi?
(Ní jiòw shém-můh míng-dż?)

Hi, how's it going?
你好吗？

Ní hǎo ma?
(Ní hǒw mǎ?)

How are you?
怎么样？

Zén me yàng?
(Dzém-můh yàng?)

How have you been lately?
你最近怎么样？

Ní zuì jìn zěn me yàng?
(Ní dzuày jìn dzěm-můh yàng?)

I'm fine.
我很好。

Wó hén hǎo.
(Wó hún hǒw.)

I'm happy.
我很快乐。

Wó hěn kuài lè.
(Wó hún kwài lùh.)

I feel sad.
我觉得难过。

Wǒ jué de nán guò.
(Wó juáy-dǔh nán-guò.)

I feel tired.
我觉得累。

Wǒ jué de lèi.
(Wó juáy-dǔh lày.)

I've got a headache.
我头疼。

Wǒ tóu téng.
(Wó tó túng.)

I feel sick.
我觉得不舒服。

Wǒ jué de bù shū-fu.
(Wó juáy dǔh bù shū-fǔ.)

I'm sleepy.
我想睡觉。

Wó xiǎng shuì jiào.
(Wó shiǎng shuày-jiòw.)

What have you been up to lately?
最近忙什么?

Zuì jìn máng shén me?
(Dzuày jìn máng shém-mǔh?)

Long time no see.
好久不见。

Háo jiǔ bú jiàn.
(Hów jioǔ bú-jièn.)

This statement was originally a Chinese expression and has become an English one. It is a literal translation.

My Chinese/English is poor.
我的中文／英文不好。

Wǒ -de zhōng-wén/yīng-wén bù hǎo.
(Wó -dǔh Jōng-wén/Īng-wén bù hǒw.)

Please speak in English.
请讲英文。

Qǐng jiǎng yīng wén.
(Chǐng jiǎng īng-wén.)

Please speak in Chinese.
请讲中文。

Qǐng jiǎng zhōng wén.
(Chǐng jiǎng Jōng-wén.)

Please speak slower.
请说慢一点。

Qǐng shuō màn yì diǎn.
(Chǐng shuō màn ì-diěn.)

Please say it again.
请再说一遍。

Qǐng zài shuō yí biàn.
(Chǐng zài shuō í-bièn.)

What do you mean?
您的意思是什么？

Nín de yì sì shì shén me?
(Nín dǔh ì-sż shèr shém-mǔh?)

What do you want to say?
你要说什么？

Nǐ yào shuō shén me?
(Nǐ yòw shuō shém-mǔh?)

Please come in.
请进。

Qǐng jìn.
(Chǐng jìn.)

Do you want to sit down?
你要坐吗？

Nǐ yào zuò ma?
(Nǐ yòw dzuò mǎ?)

Please sit down.
请坐。

Qǐng zuò.
(Chǐng dzuò.)

May I sit down?
我可以坐吗?

Wǒ ké yǐ zuò ma?
(Wó kúh-i dzuò mǎ?)

Someone is sitting here.
这个位子有人坐。

Zhè ge wèi zi yǒu rén zuò.
(Jùh gǔh wày-dż yó rén dzuò.)

Where are you from?
你从哪来的?

Nǐ cóng nǎ lái de?
(Ní tsóng nǎr lái dǔh?)

What do you do for a living?
你做什么工作?

Nǐ zuò shén me gōng zuò?
(Ní dzuò shém-mǔh gōng-dzuò?)

How old are you?
你几岁?
您多大?

Ní jǐ suì?*
(Ní jǐ swày?)
Nín duō dà?**
(Nín duō dàh?)

* For children.
** For adults.

How long have you been here?
你在这多久了?

Ní zài zhè duō jiǔ le?
(Ní dzài jèr duō jǐou lǔh?)

What are you interested in?
你对什么有兴趣?

Nǐ duì shén me yǒu xìng qù?
(Ní dwày shém-mǔh yó shìng-chìu?)

What's your hobby?
你有什么爱好？

Nǐ yǒu shén me ài hào?
(Ní yǒ shém-mǔh ài-hòw?)

My hobbies are... .
我的爱好是…。

Wǒ de ài hào shì… .
(Wǒ -dǔh ài-hòw shèr... .)

I'm interested in it.
我对这个有兴趣。

Wǒ duì zhè ge yǒu xìng qù.
(Wǒ dwày jùh gǔh yǒ shìng-chìu.)

I'm not interested in it.
我没兴趣。

Wǒ méi xìng qù.
(Wǒ máy shìng-chìu.)

It means nothing to me.
不算什么。

Bú suàn shén me.
(Bú swàn shém-mǔh.)

I like ... .
我喜欢…。

Wó xǐ huān… .
(Wó shǐ-huān… .)

I don't like ...
我不喜欢…。

Wǒ bù xǐ huān… .
(Wǒ bù shǐ-huān… .)

I hate ... .
我讨厌…。

Wó tǎo yàn… .
(Wó táu-yèn … .)

I loathe ... .
我恨…。

Wǒ hèn… .
(Wó hùn… .)

Very strong statement and is seldom said.

Have you done ... before?
你以前做…过吗？

Ní yǐ qián zuò… guò ma?
(Ní ǐ-chién dzuò… guò mǎ?)

What is your religion?
你信什么教？

Nǐ xìn shén me jiào?
(Ní shìn shém-mǔh jiòw?)

Buddhist
佛教

Fó jiào
(Fó jiòw)

Taoist
道教

Dào jiào
(Dòw jiòw)

Christian
基督教

Jī dū jiào
(Jī-dū jiòw)

Catholic
天主教

Tiān zhǔ jiào
(Tiēn jǔ jiòw)

Muslim
回教

Huí jiào
(Huáy jiòw)

Atheist
无神论者

Wú shén lùn zhě
(Wú shén luèn jǔh)

No religion
不信教

Bú xìn jiào
(Bú shìn jiòw)

Sleep
睡觉

Shùi jiào
(Shuày jiòw)

This is a common joke as "sleep" sounds like a religion. Notice the ending *jiòw*.

What's your blood type?　Nǐ shì shén me xié xíng?
你是什么血型?　*(Nǐ shèr shém-mǔh shiéh shíng?)*

In Asia, this is an important indicator of your personality.

Type A　　:　Tender, neat, and kind; they make good wives.

Type B　　:　Loving, cute, active, and humorous.

Type O　　:　Bad tempered, good decision makers; they are typical leaders and are wise; they make good elder brothers.

Type AB　:　Weird geniuses; sometimes thought to be crazy and emotional.

I'm type A.
我是 A 型。

Wǒ shì (Ā) xín.
(Wǒ shèr (Ā) shín.)

What's your year sign?
你属什么?

Ní shǔ shén me?
(Ní shǔ shém-mǔh?)

This is concerned with Chinese astrology. Each year is denoted by one of twelve different animals. Your animal-year is supposed to be an indicator of your personality.

My year sign is ...
我属…。

Wó shǔ….
(Wó shǔ….)

Mouse
鼠

Shǔ
(shǔ)

Ox
牛

Niú
(Nioú)

Tiger
虎

Hǔ
(Hǔ)

Rabbit
兔

Tù
(Tù)

Dragon
龙

Lóng
(Lóng)

Snake
蛇

Shé
(Shúh)

Horse
马

Mǎ
(Mǎ)

Sheep
羊

Yáng
(Yáng)

Monkey
猴

Hóu
(Hó)

Rooster
鸡

Jī
(Jī)

Dog
狗

Gǒu
(Gǎ)

Pig
猪。

Zhū
(Jū)

How the system of Chinese Astrology was created   ·

Long, long ago, there was no concept of time. There were no clocks or calendars. People wanted to mark the passing of time but didn't know how. So, they sought advice from the Emperor, known for his wisdom in such matters. He pondered for a considerable time before deigning to offer his learned advice: "Because animals and humans have a close affinity and the names of animals are easily remembered, they should be used to symbolize time. Henceforth, a river crossing race shall be held to determine those animals best suited to signify time".

Thereupon the event was held. All manner of beasts attended. The cat and the mouse, who were good friends, discussed the best manner in which to cross, as neither could swim. They decided to ask the ox to aid them. The ox, being a sincere and kindhearted soul, agreed to carry them across. The race began and the ox, who was by far the best swimmer, emerged in the lead. As they neared the finish line, the cat proudly rose and declared the three of them to be the first to cross the line. But the mouse, a cunning and selfish soul, secretly desired to cross the line first. So he caught the cat unawares and pushed him into the water. He then jumped behind the ox's ear.

The ox, unaware of the commotion, swam on to the finish line. Just as he reached the shore, the mouse leaped forward and ran to victory, quickly followed by the ox, the tiger, *the rabbit [1], the dragon [2], the snake [3], the horse [3], the sheep [4], the monkey [4], the cock [4], the dog [4], and the pig [5]*. The exhausted cat finally scrambled to shore, but the race was already over. The cat was extremely angry at the mouse, and every time they met, the cat would try to bite him. He then reported the mouse's crime to all of his progeny, beginning a feud between the two animals which continues to this very day. The mouse, knowing full-well his sin, skulked away in guilt and spent the rest of his days hiding in dark, sullen places.

[1] *The rabbit,* who could not swim, made the crossing by leaping across the other animals' heads. He acquired his peculiarly shaped mouth because he ran too fast, and after crossing the finish line, ran into a tree.

[2] *The dragon,* who should have been placed higher in the ranking, had been busy in the heavens creating thunder and lightning. He absent-mindedly made the thunder too loud, which caused him to become fairly deaf. As a consequence, he did not hear the start of the race and had to come from behind to acquire fifth place.

[3] *The snake,* in order to defeat the horse, scared him and dashed in front. Unfortunately for him, he ran too fast, causing his four legs to break off, leaving him in his present legless state.

[4] *The sheep,* monkey, and rooster had agreed to make the crossing together. They did so by putting the sheep on the shoulders of the monkey, who in turn sat upon the back of the rooster. As they were crossing, the sheep (who was a sort of lookout) saw the dog (who was naughtily bathing in the river) and scolded him severely. The dog continued the race and finished next to last but he didn't really care. The sheep ended up over-straining his eyes and permanently damaged his vision. The monkey, who sat far too long, acquired a permanently red posterior. The rooster, who had been supporting the group, lost two of his original four legs as they were crushed.

[5] *The pig* finished last as he decided to finish eating before crossing the river. When he finally made it across, he entreated the Emperor for more food. His gluttony caused him to become the laughing stock of all those present.

Year and Personalities

The animal years repeat every 12 years.

2003: Sheep
Gentle, artistic, peace-loving, sweet-natured, lovable, creative, inventive, amorous, tasteful, intelligent. Insecure, pessimistic, unpunctual, undisciplined, dissatisfied, irresponsible.

2004: Monkey
Merry, enthusiastic, witty, good in business, clever, fascinating, passionate, youthful, very intelligent, inventive. Vain, adolescent, long-winded, unfaithful, untruthful, untrustworthy.

2005: Rooster
Proud, enthusiastic, stylish, popular, lively, amusing, generous, adventurous, industrious, conservative, courageous. Pompous, pedantic, short-sighted, boastful, mistrustful, extravagant.

2006: Dog
Faithful, loyal, noble, modest, devoted, prosperous, courageous, respectable, selfless, dutiful, intelligent. Introverted, cynical, critical, moralizing, stubborn, defensive.

2007: Pig
Scrupulous, loyal, sincere, honest, loving, sociable, sensitive, sensual, truthful, peaceful, intelligent. Naive, Epicurean, insecure, gullible, defenseless, non-competitive, earthy.

2008: Mouse
Aggressive, energetic, jolly, charming, sociable, humorous, generous, intellectual, sentimental, honest, persistent. Greedy, small-minded, power-hungry, destructive, suspicious, tiresome, likes to gamble.

2009: Ox
Hard-working, lonely, leaders, strong, proud, reserved, methodical, original, eloquent, patient, silent. Rigid, bad losers, authoritarian, conventional, jealous, stubborn, slow.

2010: Tiger
Smiling, magnetic, lucky, strong, honorable, good leaders, liberal-minded, courageous, generous, passionate. Vain, rash, disobedient, undisciplined, argumentative, rebellious.

2011: Rabbit
Cautious, clever, hospitable, sociable, friendly, sensitive, ambitious, careful, private. Timid, thin-skinned, old-fashioned, hypochondriac, squeamish.

2012: Dragon
Showy, artistic, enthusiastic, lucky, healthy, generous, sentimental, successful, independent. Demanding, irritable, loudmouthed, stubborn, discontented, and willful. The dragon is the symbol of the emperor.

2013: Snake
Wise, sympathetic, lucky, sophisticated, calm, decisive, attractive, philosophical, elegant, compassionate. Lazy, possessive, tight-fisted, bad losers, changeable, vengeful, extravagant.

2014: Horse
Gifted, athletic, charming, quick-witted, hard-working, entertaining, powerful, skillful, cheerful, eloquent, independent. Weak, unfeeling, hot-headed, selfish, ruthless, tactless, impatient, rebellious.

What's your astrological sign?	Nǐ shì shén me xīng zuò?
你是什么星座?	(Nǐ shèr shém-muh shīng dzuò?)
Aries	Bái yáng zuò
白羊座	(Bái-yáng dzuò)

Taurus
金牛座

Jīn niú zuò
(*Jīn-nióu dzuò*)

Gemini
双子座

Shuāng zī zuò
(*Shuāng-dī dzuò*)

Cancer
巨蟹座

Jù xiè zuò
(*Jiù-shièh dzuò*)

Leo
狮子座

Shī zi zuò
(*Shēr-dż dzuò*)

Virgo
处女座

Chù nǚ zuò
(*Chù-nǐu dzuò*)

Libra
天平座

Tiān píng zuò
(*Tiēn-píng dzuò*)

Scorpio
天蝎座

Tiān xiē zuò
(*Tiēn-shièh dzuò*)

Sagittarius
射手座

Shè shǒu zuò
(*Shùh-shǒu dzuò*)

Capricorn
摩蝎座

Mó xiē zuò
(*Muó-shièh dzuò*)

Aquarius
水瓶座

Shuǐ píng zuò
(*Shuǎy-píng dzuò*)

Pisces
双鱼座

Shuāng yú zuò
(*Shuāng-yíu dzuò*)

Do you believe it?
你相信吗?

Nǐ xiāng xìn ma?
(*Nǐ shiāng shìn mǎ?*)

It might be true.
可能是真的。

Kě néng shì zhēn de.
(*Kúh núng shèr jēn-důh.*)

I believe it!
我相信!

Wǒ xiāng xìn!
(*Wǒ shiāng-shìn!*)

I don't believe it!
我不相信!

Wǒ bù xiāng xìn!
(Wǒ bù shiāng-shìn!)

Really?
真的吗?

Zhēn de ma?
(Jēn-dǔh mǎ?)

That's a lie!
那是谎话!

Nǎ shì huǎng huà!
(Nàh shèr hwǎng-hwàh!)

You lied!
你说慌!

Nǐ shuō huǎng!
(Nǐ shuō hwǎng!)

Tell the truth!
说真的!

Shuō zhēn de!
(Shuō jēn-dǔh!)

How do you know?
你怎么知道?

Nǐ zěn me zhī dào?
(Nǐ dzēm-mǔh jēr dòw?)

Who said it?
谁说的?

Shuí shuō de?
(Sháy shuō dǔh?)

I know that person.
我认识那个人。

Wǒ rèn shi nà gè rén.
(Wǒ rèn-shèr nàh gǔh rén.)

I know him/her.
我认识他 / 她。

Wǒ rèn shi tā
(Wǒ rèn-shèr tā)

It depends.
看情形。

Kàn qíng xíng.
(Kàn chíng-shíng.)

I agree with you.
我同意。

Wǒ tóng yì.
(Wǒ tóng-ì.)

I don't agree with you.
我不同意。

Wǒ bù tóng yì.
(Wǒ bù tóng-ì.)

I didn't think of that.
我没想到。

Wǒ méi xiǎng dào.
(Wǒ máy shiāng dòw.)

I didn't consider that.
我没考虑过。

Wǒ méi kǎo lǜ guò.
(Wǒ máy kǎu-lìu gò.)

I figured that.
我就知道。

Wǒ jiù zhī dào.
(Wǒ jiòu jēr dòw.)

Our thoughts are the same.
我们的想法相同。

Wǒ men de xiáng fǎ xiāng tóng.
(Wǒ -mén dúh shiáng-fǎh shiāng-tóng.)

Do you care?
你在乎吗？

Nǐ zài hū ma?
(Nǐ zài-hū mǎ?)

Do you care about ... ?
你在乎…吗？

Nǐ zài hū… ma?
(Nǐ zài-hū… mǎ?)

I don't care.
我不在乎。

Wǒ bú zài hū.
(Wǒ bú zài-hū.)

Who cares?
谁在乎？

Shúi zài hū?
(Sháy zài-hū?)

Either is fine.
都可以。

Dōu ké yǐ.
(Dō kúh-ǐ.)

No problem.
没问题。

Méi wèn tí.
(Máy wèn-tí.)

It doesn't matter.
没关系。

Méi guān xi.
(Máy guān-shi.)

Go for it!
去做吧!

Qù zuò ba!
(Chìu dzuò bǎ!)

I've got an idea.
我有办法。

Wó yǒu bàn fa.
(Wó yó bàn-fǎh.)

What way?
什么办法?

Shén me bàn fa?
(Shém-mǔh bàn-fǎh?)

There's no way you can do it!
你没办法!

Nǐ méi bàn fa!
(Nǐ máy bàn-fǎh!)

It can't be helped.
没办法。

Méi bàn fa.
(Máy bàn-fǎh.)

Why did you do that?
你为什么这么做?

Nǐ wèi shén me zhè-me zuò?
(Ní wày shém-mǔh dzèm-mǔh dzuò?)

Let's start it.
开始吧。

Kāi shǐ ba.
(Kāi-shěr bǎ.)

Finished?
做好了吗?

Zuò hǎo le ma?
(Dzuò hǒw lǔh mǎ?)

Finished.
做好了。

Zuò hǎo le.
(Dzuò hǒw lǔh.)

Do you have free time?
有空吗?

Yǒu kòng ma?
(Yǒ kòng mǎ?)

Would you like to go (to) … ?
你想去…?

Nǐ xiǎng qù… ?
(Ní shiǎng chìu… ?)

Bar/Pub
酒吧

Jiǔ bā
(Jioǔ-bā)

Restaurant
餐厅
饭店

Cān tīng
(Tsān-tīng)
Fàn diàn
(Fàn-dièn)

Park
公园

Gōng yuán
(*Gōng-yuén*)

Jogging
慢跑.

Màn pǎo
(*Màn pów*)

Swimming
游泳

Yóu yǒng
(*Yó-yǒng*)

Movie
电影

Diàn yǐng
(*Dièn-ǐng*)

Let's go see a movie!
我们去看电影!

Wǒ men qù kàn diàn yǐng!
(*Wǒ-mén chìu kàn dièn-ǐng!*)

Have you seen ... before?
你看过…吗?

Nǐ kàn guò… ma?
(*Nǐ kàn guò… mǎ?*)

Two tickets please.
请给我两张票。

Qǐng géi wǒ liǎng zhāng piào.
(*Chǐng gáy wǒ liǎng jāng piòw.*)

What kind of movie would you like to see?
你喜欢看什么电影?

Nǐ xǐ huān kàn shén me diàn yǐng?
(*Nǐ shǐ-huān kàn shèm-mǔh dièn-ǐng?*)

Science fiction
科幻片

Kē huàn piàn
(*Kūh-huàn pièn*)

Comedy
喜剧片

Xǐ jù piàn
Shí-jìu pièn)

Romance
言情片

Yán qíng piàn
(Yán-chíng pièn)

Horror
恐怖片

Kǒng bù piàn
(Kǒng-bù pièn)

Ghost.
鬼怪片

Guǐ guài piàn
(Guǎy-guài pièn)

Adventure
动作片

Dòng zuò piàn
(Dòng-dzuò pièn)

Gangster
警匪片

Jǐng fěi piàn
(Jǐng-fěi pièn)

Mystery
神怪片

Shén guài piàn.
(Shùn-guài pièn)

Western
西部片

Xī bù piàn
(Shī-bù pièn)

X-rated
色情片

Sè qíng piàn
(Sùh chíng pièn)

American movie
欧美电影

Ōu měi diàn yǐng)
(Ōu-měi dièn-ǐng)

Chinese movie
中国电影

Zhōng guó diàn yìng
(Jōng-guó dièn-ǐng)

Good idea.
好主意。

Hǎo zhú yi.
(Hǒw jú-i.)

Let me think it over.
让我想一下。

Ràng wó xiǎng yí xià.
(Ràng wó shiǎng í-shiàh.)

Have you decided yet?
你决定了吗？

Nǐ jué dìng le ma?
(Nǐ juáy-dìng lǔh mǎ?)

It's up to you.
随便你。

Suí biàn nǐ.
(Swáy-bièn nǐ.)

You decide.
你决定。

Nǐ jué dìng.
(Nǐ juáy-dìng.)

When can you … ?
你什么时候可以…？

Nǐ shén me shí hòu ké yǐ… ?
*(Nǐ shém-mɑh shé-hò
    kúh-r… ?)*

Come
来

Lái
(Lái)

Go
去

Qù
(Chìu)

Do it
做

Zuò
(Dzuò)

Do you want to go?
你想去吗?

Nǐ xiǎng qù ma?
(Ní shiǎng chìu mǎ?)

I can't go.
我不能去。

Wǒ bù néng qù.
(Wǒ bù núng chìu.)

Are you ready?
你好了没有?

Nǐ hǎo le méi yǒu?
(Ní hǒw lǔh máy yǒ?)

Ready
好了

Hǎo le
(Hǒw lǔh)

Not yet.
还没。

Hái méi.
(Hái máy.)

Meet me at ...
我们在…见。

Wǒ men zài… jiàn.
(Wǒ-mén zài… jièn.)

I'll wait for you.
我等你。

Wǒ déng nǐ.
(Wǒ dúng nǐ.)

I won't leave until you come.
不见不散。

Bù jiàn bù sàn.
(Bù jièn bù sàn.)

Please don't stand me up!
请不要让我白等!

Qǐng bù yào ràng wǒ bái děng!
(Chíng bù yòw ràng wǒ bái dǔng!)

Let's go!
我们走吧!

Wǒ men zǒu ba!
(Wǒ-mén zó bǎ!)

Please give me a ride to ... .
请送我去…。

Qǐng lā wǒ qù… .
(Chíng sòng wǒ chìu… .)

Can you come here?
你可以来这里吗?

Nǐ ké yǐ lái zhè lǐ ma?
(Ní kúh-ǐ lái jùh-lǐ mǎ?)

Where do you live?
你住哪儿?

Nǐ zhù nǎ ér?
(Nǐ jù nǎr?)

What's your address?
你的地址是什么?

Nǐ de dì zhǐ shì shén me?
(*Nǐ dǔh dì-jěr shèr shém-mǔh?*)

Please write it down.
请写下来。

Qíng xiě xià lái.
(*Chíng shiěh shiàh lái.*)

I'll see you home.
我送你回家。

Wǒ sòng nǐ huí jiā.
(*Wǒ sòng nǐ hwáy jiāh.*)

Watch your step.
慢走。

Màn zǒu.
(*Màn zǒ.*)

Literally means "walk slowly" and is commonly used. The response is *hwày jiěn.*

I'll write you a letter.
我会写信给你。

Wǒ huì xiě xìn géi nǐ.
(*Wǒ hwày shiěh shìn gáy nǐ.*)

If you have free time, let's get together.
有空见。

Yǒu kòng jiàn.
(*Yó kòng jièn.*)

I'll leave first.
我先走。

Wǒ xiān zǒu.
(*Wǒ shiēn zǒ.*)

See you in a while.
回头见。

Huí tóu jiàn.
(*Hwáy tó jièn.*)

See you later.
改天见。

Gǎi tiān jiàn.
(Gǎi tiēn jièn.)

See you tomorrow.
明天见。

Míng tiān jiàn.
(Míng-tiēn jièn.)

See you tonight.
晚上见。

Wǎn shang jiàn.
(Wǎn-shǎng jièn.)

Come back sometime!
再来。

Zài lái!
(Zài lái!)

Good bye.
再见。

Zài jiàn.
(Zài-jièn.)

Shooting the Breeze 3

Bullshit!
废话!
Fèi huà!
(Fày-hwàh!)

Talk nonsense!
乱讲!
Luàn jiǎng!
(Luàn-jiǎng!)

To brag
吹牛
Chuī niú
(Chuāy nioú)

To flatter
拍马屁。
Pāi mǎ pì.
(Pāi mǎ pì.)

Literally means "to pat the horse's rear end."

Everyday spoken Chinese.
普通话。
Pǔ tōng huà.
(Pǔ-tōng hwàh.)

This literally means "common" language.

Weird, bizarre, strange.
奇怪。
Qí guài.
(Chée-guài.)

I'm sick of … .
我讨厌…。
Wó tǎo yàn… .
(Wó tǎu yèn… .)

Boring
无聊
Wú liáo
(Wú-lióʍ)

To be cheated/ripped off.
被骗。
Bèi piàn.
(Bày pièn.)

To be at a disadvantage, suffer a loss.
吃亏。
Chī kuī.
(Chēr kwāy.)

Don't let others cheat you!
别上当。
Bié shàng dàng.
(Biéh shàng dàng!)

That really makes me laugh!
真好笑!

Zhēn hǎo xiào!
(*Jēn hów shiàu!*)

Is it fun?
好玩吗?

Hǎo wán ma?
(*Hów wán mǎ?*)

Is it funny?
好笑吗?

Hǎo xiào ma?
(*Hów shiàu mǎ?*)

What are you laughing at?
笑什么?

Xiào shén me?
(*Shiàu shém-mǔh?*)

That's really interesting!
有意思!

Yǒu yì sì!
(*Yó ì-s-ż!*)

Go on (continue).
继续。

Jì xù.
(*Jì-shìu.*)

And then?
然后呢?

Rán hòu ne?
(*Rán hò nǔh?*)

Bizarre
奇异

Qí yì.
(*Chée yì*)

Frighteningly ugly person!
可怖。

Kě bù!
(*Kǔh bù!*)

This is a contraction of two Chinese words – *kěh pà* meaning "frightening" and *kǒng bù* meaning "horrible".

Who farted?
谁放屁了？

Shuí fàng pì le?
(Sháy fàng-pì lǚh?)

Guess!
猜猜看。

Cāi cāi kàn!
(Tsāi tsāi kàn!)

You did!
就是你。

Jiù shì nǐ!
(Jioù shèr nǐ!)

Embarrassed.
不好意思。

Bù hǎo yì si.
(Bù hǒw ì-sź.)

Damn it! (I screwed up)
糟了。

Zāo le!
(Zōw lǚh!)

I can't stand … !
我受不了…！

Wǒ shòu bu liǎo… !
(Wǒ shòu bǔ-liǒw… !)

Behaving mysteriously.
神秘兮兮。

Shén mì xī xī.
(Shén mì shī shī.)

Person with a jovial face.
笑嘻嘻。

Xiào xī xī.
(Shiàu shī shī.)

A sulky expression.
苦瓜脸。

Kǔ guā liǎn.
(Kǔ-guāh liǎn.)

A wry smile.
苦笑。

Kǔ xiào
(Kǔ shiàu)

Leader
大哥大
大姐大

Dà gē dà
(Dà-gūh dà*)
Dà jiě dà
(Dà-jiěh dà**)

* Male; literally means "big brother;" it's also used for Mafia bosses and cordless telephones.

** Female; literally means "big sister."

Boss
老板

Láu bǎn
(Láu běn)

How pitiful!
真可怜!

Zhēn kě lián!
(Jūn kǔh-lién!)

Used to describe people.

What a waste!
真可惜!

Zhēn kě xī!
(Jūn kǔh-shī!)

Used to describe things.

Tenderfoot
新手

Xīn shǒu
(Shīn shǒu)

Experienced person
老手

Láo shǒu
(Láu shǒu)

**Person who loves to
  show off.**
爱出风头。

Ài chū fēng tóu.
(Ài chū fōng tó.)

Good, kind person.
好好先生

Háo hǎo xiān shēng.
(Hów hǒw shiēn shūng.)

**Person who has many
  talents.**
有两下子。

Yóu liǎng xià zi.
(Yó liáng shiàh dź.)

Shocking!
吓人!

Xià rén!
(Shiàh rén!)

Outlandish clothes
奇装异服

Qí zhuāng yì fú
(Chée juāng ì fú)

Foreign ghost/devil
洋鬼子

Yáng guǐ zi
(Yáng guǎy-dź)

Usually used to refer to Western Caucasians.

Foreigner
外国人

Wài guó rén
(Wài-guó-rén)

Yankee
洋人

Yáng rén
(Yáng-rén)

Black person
黑人

Hēi rén
(Hāy-rén)

Red person
棕色人

Zōng sè rén
(Jōng-sùh-rén)

White person
白人

Bái rén
(Bái-rén)

It's a good thing that....
还好…。

Hái hǎo… .)
(Hái hǒw… .)

Don't be like that!
别这样。

Bié zhè yàng.
(Biéh jùh yàng!)

Awesome!/Fierce!
厉害。

Lì hài!
(Lì-hài!)

This is a commonly used phrase and well worth remembering.

Say it again.
再说一遍。

Zài shuō yí biàn.
(Zài shuō í-bièn.)

A liar's true intent.
真像。

Zhēn xiàng.
(Jūn shiàng.)

Don't waste your energy doing useless things.
省省吧。

Shéng shěng ba!
(Shúng shǔng bà!)

As if!
才怪!

Cái guài!
(Tsái guài!)

Junior high school girl!
黄毛丫头!

Huáng máo yā tóu!
(Huáng máu yāh-tó!)

That hurts!
很痛!

Hěn tòng!
(Hǔn tòng!)

I'm not sure.
我不确定.

Wǒ bú què dìng.
(Wǒ bú chuày dìng.)

He/She/It's gone!
他 / 她 / 它走了!

Tā zǒu le!
(Tā zǒ lǔh!)

There's so many people!
好多人。

Hǎo duō rén!
(Hów duō rén!)

Hide.
躲起来

Duó qǐ lái
(Duó chée lái)

Lively, exciting, good time.
热闹！

Rè nào.
(Rèr-nòw.)

Too early!
太早。

Tài zǎo!
(Tài zǒw!)

Too late!
太晚。

Tài wǎn!
(Tài wǎn!)

Late
迟到了

Chí dào le
(Chér-dòw lǔh)

No-one's there.
那没人儿。

Nà méi rén ér.
(Nàr máy rén.)

Too much!
太多了。

Tài duō le!
(Tài duō lǔh!)

Too little!
太少了。

Tài shǎo le!
(Tài shǎu lǔh!)

He/She/It came back.
他／她／它又来了。

Tā yòu lái le.
(Tā yò lái lǔh.)

Embarrassed to death.
羞死人了。

Xiū sǐ rén le.
(Shioū sž rén lǔh.)

Old-fashioned.
老土。

Láo tǔ.
(Lów tǔ.)

To have fallen out of style.
落伍了。

Luò wǔ le.
(Luò wǔ. lǔh.)

Exaggeration.
夸张。

Kuā zhāng.
(Kuāh jiāng.)

Too exaggerated.
太夸张了。

Tài kuā zhāng le.
(Tài kuāh jiāng lůh.)

**The difference is too
  great!**
差远了!

Chà yuǎn le!
(Chà yuén lůh!)

You're kidding!
开玩笑!

Kāi wán xiào!
(Kāi wán-shiàu!)

Over-exerted
昏了头

Hūn le tóu
(Huēn lůh tó)

To have done so much that you're going crazy.

Workaholic
工作狂

Gōng zuò kuáng.
(Gōng-dzùo kuáng.)

Eat, Drink, Be Merry!

4

Are you hungry?
你饿了吗?

Nǐ è le ma?
(Nǐ èr lǚh mǎ?)

I'm starving!
我饿死了

Wó è sǐ le!
(Wó èr sž lǚh!)

I'm hungry.
我肚子饿了。

Wǒ dù zi è le.
(Wǒ dù-dž èr lǚh.)

Literally means "my stomach is hungry."

No, I'm not.
我不饿。

Wǒ bú è.
(Wǒ bú èr.)

I'm not very hungry.
我不太饿。

Wǒ bú tài è.
(Wǒ bú tài èr.)

I want to eat.
我想吃。

Wó xiǎng chī.
(Wó shiáng chēr.)

I don't want to eat.
我不想吃。

Wǒ bù xiǎng chī.
(Wǒ bù shiáng chēr.)

Are you thirsty?
你渴吗?

Ní kě ma?
(Ní kǔh mǎ?)

I'm thirsty.
我渴了。

Wó kě le.
(Wó kǔh lǚh.)

I'm not thirsty.
我不渴。

Wǒ bù kě.
(Wǒ bù kǔh.)

I'm not very thirsty.
我不太渴。

Wǒ bú tài kě.
(Wǒ bú tài kǔh.)

I don't want to drink.
我不想喝。

Wó bù xiǎng hē.
(Wó bù shiǎng hūh.)

I want to drink.
我想喝。

Wó xiǎng hē.
(Wó shiǎng hūh.)

Have you ordered?
你点菜了吗?

Nǐ diǎn cài le ma?
(Nǐ dién tsài lửh mǎ?)

Waiter
先生

Xiān sheng
(Shiēn shūng)

Alternatively, *xiān sheng* means "Mister."

Waitress
小姐

Xiáo jiě
*(Shiáu jiěh**)*

Alternatively, *xiǎo jie* means "Miss."

Menu please.
请给我菜单。

Qǐng géi wǒ cài dān.
(Chíng gáy wǎ tsài-dān.)

I'll order for us.
我来点菜。

Wó lái diǎn cài.
(Wó lái dién tsài.)

Would you like a drink?
你想喝饮料吗?

Nǐ xiǎng hē yǐng liào ma?
(Nǐ shiǎng hūh ing-liàu mǎ?)

Are you drunk?
你醉了吗?

Nǐ zuì le ma?
(Nǐ dzuày-lửh mǎ?)

I'm drunk.
我醉了。

Wǒ zuì le.
(Wǒ dzuày lǔh.)

Drink more!
多喝一点。

Duō hē yì diǎn.
(Duō hūh ì-diěn.)

A polite way to refuse is to say *suáy-i.*

I drank too much.
我喝得太多了。

Wǒ hē de tài duō le
(Wǒ hūh-dǔh tài duō lǔh.)

Don't drink so much!
少喝点儿。

Shǎo hē diǎn ér!
(Sháu hūh diěn!)

Hangover.
宿醉。

Sù zuì
(Sù dzuày)

It smells delicious!
闻起来很香。

Wén qǐ lái hěn xiāng
(Wén chǐ-lái hǔn shiāng!)

It looks delicious!
看起来很好吃。

Kàn qǐ lái hén hǎo chī.
(Kàn chǐ-lái hún hǒw chēr!)

Let's start eating!
开吃了。

Kāi chī le!
(Kāi-chēr lǔh!)

Help yourself.
自己来。

Zì jǐ lái.
(Dzì-jǐ lái.)

This is delicious.
这个很好吃。

Zhè ge hén hǎo chī.
(Jùh-guh hún hów chēr.)

Try eating some.
吃吃看。

Chī chī kàn.
(Chēr chēr kàn.)

I don't like it very much.
我不太喜欢。

Wǒ bú tài xǐ huān.
(Wǒ bú tài shí-huān.)

What would you like to drink?
你想喝点什么？

Ní xiǎng hē diǎn shén me?
(Ní shiǎng hūh diěn shém-mǔh?)

Beer
啤酒

Pí jiǔ
(Pí-jioǔ)

Wine, whiskey, etc
酒

Jiǔ
(Jioǔ)

Coffee
咖啡

Kā fēi
(Kāh-fāy)

Juice
果汁

Guǒ zhī
(Guǒ jēr)

Soda
汽水

Qì shuǐ
(Chèe shuǎy)

Water
开水

Kāi shuǐ
(Kai shuǎy)

Literally means "boiled water."

This is for me.
这是我的。

Zhè shì wǒ de.
(Zhè shèr wǒ dǔh.)

This is for him/her.
这是他／她的。

Zhè shì tā de.
(Zhè shèr tā dǔh.)

I want to order the dish that he's having.
我点跟他一样的菜。

Wó diǎn gēn tā yí yàng de cài.
(Wó dién gūn tā í-yàng dủh tsài.)

It's expensive.
很贵。

Hén guì.
(Hún guày.)

It's cheap.
很便宜。

Hén pián yì.
(Hún pién-i.)

Cheers!
干杯。

Gān bēi.
(Gān bāy!)

Means "dry your cup."

This is awful.
这个难吃死了。

Zhè gè nán chī sǐ le.
(Jùh-gǔh nán chēr sž lǔh.)

Sǐ means "death," and the implication is that the food is so bad it will kill you.

Eat more!
多吃点儿。

Duō chī diǎn ér.
(Duō chēr dién!)

Please give me a little more.
请给我多一点。

Qǐng géi wǒ duō yì diǎn.
(*Chǐng gáy wǒ duō ì-diěn.*)

Are you full?
你吃饱了吗?

Nǐ chī bǎo le ma?
(*Nǐ chēr báu lǔh mǎ?*)

Sometimes said as a friendly greeting.

I'm full.
我饱了。

Wó bǎo le.
(*Wó báu lǔh.*)

I'm not full.
我还没饱。

Wǒ hái méi bǎo.
(*Wó hái máy bǎu.*)

I ate too much.
我吃的太多了。

Wǒ chī de tài duō le.
(*Wó chēr-dǔh tài duō lǔh.*)

Curses and Insults

5

I hate you!
我讨厌你!

Wó tǎo yàn nǐ!
(Wó tǎu-yèn nǐ!)

I loathe you!
我恨你!

Wǒ hèn nǐ!
(Wó hùn nǐ!)

Very strong statement and is seldom used.

I'll kill you!
我要杀了你!

Wǒ yào shā le nǐ!
(Wó yòw shāh-lǔh nǐ!)

You've gone too far!
太过分了!

Tài guò fèn le!
(Tài guò fèn lǔh!)

Shut up!
住口!

Zhù kǒu!
(Jù kǒ!)

Don't speak!
别说了!

Bié shuō le!
(Biéh shuō lǔh!)

Listen to me!
听我说!

Tīng wǒ shuō!
(Tīng wǒ shuō!)

Get the hell out of here!
滚出去!

Gǔn chū qù!
(Gwěn chū chìu!)

Literally means "roll away."

I'm a bit angry (pissed off)!
我有一点火大!

Wó yǒu yì diǎn huǒ dà!
(Wó yǒ ì-dién huǒ dàh!)

What do you do for a living?
你做什么工作?

Nǐ zuò shén me gōng zuò?
(Nǐ dzòu shém-mǔh gōng-dzòu?)

I'm mad as hell!
我火大了!

Wó huǒ dà le!
(Wó huǒ dàh lǔh!)

Calm down!
冷静一点。

Lěng jìng yì diǎn!
(Lěng-jìng ì-diěn!)

What the hell are you doing?
干什么?

Gàn shén me?
(Gàn shém-můh?)

Have you finished speaking yet?
说完了没有?

Shuō wán le méi yǒu?
(Shuō wán lůh máy yǒ?)

It's none of your business!
没你的事!

Méi nǐ de shì.
(Máy nǐ-důh shèr!)

Damn it!
该死!

Gāi sǐ!
(Gāi sž!)

Don't complain!
不要抱怨!

Bù yào bào yuàn!
(Bù yòw bàu-yuèn!)

Stop screwing around!
别闹了!

Bié nào le!
(Biéh nòw lůh!)

You deserve it!
活该!

Huó gāi!
(Huó-gāi!)

Leave me alone!
不要管我!

Bù yào guán wǒ!
(Bù yòw guán wǒ!)

Don't bother me!
别烦我!

Bié fán wǒ!
(Biéh fán wǒ!)

Stop bothering me!
饶了我!

Ráo le wǒ!
(Ráu lǔh wǒ!)

Nagging person.
罗嗦。

Luō suo.
(Luō-sǔo.)

Person who is always criticizing and nagging others.
唠叨。

Láo dāo.
(Láu-dōw.)

Be polite!
客气点!

Kè qì diǎn!
(Kùh-chèe dién!)

The noise is killing me!
吵死人了!

Cháo si rén le!
(Tsáu sž rén lǔh!)

Don't come to find me!
别找我!

Bié zháo wǒ!
(Biéh jów wǒ!)

Forget it!
算了吧!

Suàn le ba!
(Swàn lǔh bǎ!)

Who do you think you are?
你算老几?

Nǐ suàn láo jǐ?
(Nǐ swàn láu-jǐ?)

You don't know your own shortcomings!
马不知脸长，猴子不知屁股红!

Mǎ bù zhī liǎn cháng, hóu zi bù zhī pì gu hóng!
(Mǎ bù jēr lién cháng, hó-dž bù jēr pì-gǔ hóng!)

Literally means "A horse doesn't know his face is long; a monkey doesn't know his ass is red."

Stuck up, arrogant person.
好拽。

Hào zhuǎi.
(Hòw juǎi)

You're a ... !
你是个…!

Nǐ shì ge… !
(Nǐ shèr gǔh… !)

No, you're a ... !
你才是个…!

Nǐ cái shì ge… !
(Nǐ tsái shèr gǔh… !)

Good-for-nothing person.
孬种。

Nāo zhǒng.
(Nōw-jǒng.)

You're nothing.
你不是东西。

Nǐ bú shì dōng xi.
(Nǐ bù shèr dōng-shi.)

Stupid
笨蛋

Bèn dàn
(Bùn dàn)

Pretending to be ignorant
装蒜。

Zhuāng suàn.
(Juāng swàn.)

Crazy person.
疯子

Fēng zi
(Fōng-tż)

Crazy
神经病

Shén jīng bìng
(Shén jīng bìn)

Sick
有病

Yǒu bìng
(Yǒ bìng)

Not normal
不正常

Bú zhèng cháng
(Bú jèng-cháng)

Day-dreaming
做白日梦

Zuò bái rì mèng
(Dzuò bái-rèr-mòng)

Dreaming
发呆
做梦

Fā dāi
(Fāh dāi)
Zuò mèng
(Dzuò mòng)

You're screwed up.
有毛病。

Yǒu máo bìng.
(Yǒ máu-bìng.)

This means that something is OK sometimes and at other times not; for example, a broken-down machine.

Weird
奇怪

Qí guài
(Chée-guài)

This is too weird.
莫名其妙。

Mò míng qí miào.
(Muò míng chée miòw.)

Weird guy
怪才

Guài cái
(Guài tsāi)

Horny guy
色狼
Sè láng
(Sùh-láng)

Literally means "colored wolf."

Perverted
变态
Biàn tài
(Bièn-tài)

A person who is mentally ill.

Pig
猪八戒
Zhū bā jiè
(Jū-bā jièh)

Women's talk—for someone you can't stand.

Fat person
汽油桶
Qì yóu tǒng
(Chèe-yó-tǒng)

Loves to eat.
吃货。
Chī huò.
(Chēr huò.)

Skinny (like a monkey).
瘦皮猴。
Shòu pí hóu.
(Shòu-pí-hó.)

Skinny (like a stick).
柴火棍。
Chái huo gùn.
(Qái-huo gwèn.)

Fat-legged woman
萝卜腿。
Luó bo tuǐ.
(Luó-buo twǎy.)

A woman who has legs that look like carrots.

Moron
白痴
Bái chī
(Bái-chēr)

Electrical shortage in the brain.
短路。

Duǎn lù.
(Duǎn-lù.)

IQ of zero
弱智

Ruò zhì
(Ruò-jèr)

Bimbo
二百五

Èr bái wǔ
(Èr bái wǔ)

Busybody (female)
三八

Sān bā
(Sān-bā)

A simple soul
四九

Sì jiǔ.
(Sì-jioǔ)

A person who simply passes messages to others without considering if they're right or wrong.

Stingy
吝啬

Lìn sè
(Lìn-sùh)

Big mouth
大嘴巴

Dà zuǐ bā
(Dàh dzuǎy-bā)

To shoot one's mouth off.
多嘴。

Duō zuǐ.
(Duō dzuǎy.)

Gossip, blabbermouth
长舌妇
长舌男

Cháng shé fù*
(Cháng-shùh-fù)
Cháng shé nán
(Cháng-shùh-nán**)

* For a woman.
** For a man.

Useless person
废物

Fèi wu
(Fày- wǔ)

Bad guy *(will do anything for money)*
混混

Hùn hun
(Huèn-hǔen)

A person who will do anything for money.

Monster
怪物

Guài wù
(Guài wù)

Bad teenager
小太保
小太妹

Xiǎo tài bǎo
(Shiǎu-tài-bǎu)
Xiǎo tài mèi
(Shiǎu-tài-mày*)

* For a girl.

Narrow-minded
小心眼

Xiǎo xīn yǎn
(Shiǎu shīn-yiěn)

Disgusting
恶心

Ě xīn
(Ěr-shīn)

Very mean
很凶

Hěn xiōng
(Hǔn shiōng)

You're cold-hearted.
没良心。

Méi liáng xīn.
(Máy liáng-shīn.)

A heartless lover.
薄情郎。

Bó qíng láng.
(Buó chíng-láng.)

Women's insult intended for a man.

Cold-blooded animal.
冷血动物。

Léng xuě dòng wù.
(Lúng shuéh dòng wù.)

Extremely ugly
丑八怪

Chǒu bá guài
(Tsǒu bā-guài)

You should look in the mirror.
也不照照镜子。

Yě bú zhào zhào jìng zi.
(Yiéh bú jòw-jòw jìn-tż.)

Old man
老先生

Lǎo xiān shēng
(Lǎu shiān shūng)

Old woman
老太太

Lǎo tài tài
(Lǎu-tài-tài)

Homosexual
同性恋

Tóng xìng liàn
(Tóng shìng lièn)

Coward
胆小鬼

Dán xiáo guǐ
(Dán shiáu-guǎy)

Miser
小气鬼

Xiǎo qì guǐ
(Shiǎu-chèe-guǎy)

Lazy person
懒虫

Lǎn chóng
(Lǎn chóng)

Person who never expresses his feelings.
自闭症。

Zì bì zhèng.
(Dzì bì jèn.)

Unappreciative person
不知好歹。

Bù zhī hǎo dǎi.
(Bù jēr hów-dǎi.)

A person who can't tell when others treat him well.

Rash, reckless person.
不知死活。

Bù zhī sǐ huó.
(Bù jēr sž huó.)

Your conscience bothers you.
心里有鬼。

Xīn lǐ yóu guǐ.
(Shīn-lǐ yó guǎy.)

When you know that you've done something wrong.

Inside you know the truth
心里有数。

Xīn lǐ yóu shù.
(Shīn-lǐ yó shù.)

When you know what you should rightfully do.

I never want to see you again.
我再也不要看到你。

Wǒ zài yě bù yào kàn dào nǐ.
(*Wǒ zài yiěh bù yòw kàn dòw nǐ.*)

I'm leaving!
我要走了!

Wǒ yào zǒu le.
(*Wǒ yòw zó lǔh!*)

Screw you!
去你的!

Qù nǐ de.
(*Chìu nǐ dǔh!*)

Fuck you!
他妈的!

Tā mā de!
(*Tā mā dǎ!*)

Fuck your mother!
操你妈!

Cào nǐ mā.
(*Tsàu nǐ mā!*)

Bitch!
泼妇!

Pō fù!
(*Poā fòo!*)

Whore!
婊子!

Biǎo zi.
(*Biǒw-tž*)

Bastard!
王八蛋。

Wáng bā dàn.
(*Wáng-bā-dàn!*)

Literally means "turtle's egg."

I'm sorry/Excuse me.
对不起。

Duì bù qǐ.
(*Dwày bù chǐ.*)

To feel apologetic/ regretful.
抱歉。

Bào qiàn.
(*Bàu chièn.*)

Please forgive me!
请你原谅我!

Qíng nǐ yuán liàng wǒ!
(*Chíng nǐ yuén-liàng wǒ!*)

I forgive you.
我原谅你。

Wǒ yuán liàng nǐ.
(*Wǒ yuén-liàng nǐ.*)

I can't forgive you.
我不能原谅你。

Wǒ bù néng yuán liàng nǐ.
(*Wǒ bù núng yuén-liàng nǐ.*)

I'll never forgive you.
我永远不会原谅你。

Wǒ yóng yuǎn bú huì yuán liàng nǐ.
(*Wǒ yóng-yuěn bú hwày yuén-liàng nǐ.*)

I want to apologize.
我想道歉。

Wó xiǎng dào qiàn.
(*Wó shiǎng dòw-chièn.*)

You'd better apologize.
你最好道歉。

Nǐ zuì hào dào qiàn.
(*Nǐ dzuày hów dòw-chièn.*)

Ok, but don't let it ever happen again.
好, 但是不要再发生这种事情。

Hǎo, dàn shì bù yào zài fā shēng zhè zhǒng shì qíng.
(*Hów, dàn-shèr bù-yòw zài fāh-shēng jùh jǒng shèr-chíng.*)

Don't do it again!
下不为例。

Xià bù wéi lì!
(*Shiàh bù wáy lì!*)

OK, you're right.
算你对。

Suàn nǐ duì.
(*Swàn nǐ dwày.*)

OK, you win.
算你赢。

Suàn nǐ yíng.
(*Swàn nǐ íng.*)

OK, I lose.
算我输。

Suàn wǒ sū.
(*Swàn wǒ sū*).

You are/were ...
你是…。

Nǐ shì ....
(*Nǐ shèr.... *)

I am/was ...
我是…。

Wǒ shì….
(Wó shèr….)

He/She/It was ...
他／他／它是…。

Tā shì….
(Tā shèr….)

Right
对了

Duì le
(Dwày lǔh)

Wrong
错了

Cuò le
(Tsuò lǔh)

Retribution
报应

Bào yìng
(Bàu-ìng)

**What goes around comes
  around**
恶有恶报。

È yǒu è bào.
(Èr yǒ èr bàu.)

This phrase applies to evil deeds.

**What goes around comes
  around.**
善有善报。

Shàn yǒu shàn bào.
(Shàn yǒ shàn bàu.)

This phrase applies to good deeds.

On the Phone

6

Do you have a phone?
你有电话吗?

Ní yǒu diàn huà ma?
(Níyǒ dièn-hwàh mǎ?)

What's your phone number?
你的电话是多少?

Nǐ de diàn huà shì duō shǎo?
(Nǐ dǔh dièn-hwàh shèr duō shǎo?)

Can I call you?
我可以给你打电话吗?

Wǒ ké yǐ géi nǐ dǎ diàn huà ma?
(Wǒ kúh-ǐ gáy nǐ dǎh dièn hwàh mǎ?)

Hello, is ... there?
喂, 请问…在吗?

Wéi, qǐng wèn… zài ma?
(Wáy, chǐng-wèn… zài mǎ?)

Please give me extension ...
请转…。

Qíng zhuǎn….
(Chíng juǎn….)

The line's busy.
占线。

Zhàn xiàn.
(Jàn-shièn.)

Who's calling please?
请问，你是哪位?

Qǐng wèn, nǐ shì nǎ wèi?
(Chǐng-wèn, nǐ shèr nǎh wày?)

Please hold on for a moment.
请等一下。

Qǐng děng yí xià.
(Chǐng dǔng í-shiàh.)

John isn't in.
John 不在。

John bú zài.
(John bú zài.)

When will he/she be back?
他 / 她什么时候回来。

Tā shén me shí hòu huí lái.
(Tā shém-mǔh shér-hò hwáy lái?)

Please tell him/her John called
请告诉他 / 她 John
打电话给他 / 她。

Qǐng gào sù tā John dǎ diàn huà gěi tā.
(Chǐng gòw-sǔ tā John dǎh dièn-hwàh gáy tā.)

Please tell him/her ...
请告诉他 / 她…

Qǐng gào sù tā….
(Chǐng gòw-sǔ tā….)

I'll phone again.
我再打。

Wǒ zài dǎ.
(Wǒ zài dáh.)

I'll call you.
我打电话给你。

Wó dǎ diàn huà géi nǐ.
(Wó dáh dièn hwàh gáy nǐ.)

Please call me.
请打电话给我。

Chíng dǎ diàn huà géi wǒ.
(Chíng dáh dièn hwàh gáy wǒ.)

Please have him/her call me.
请他／她给我回电话。

Qǐng tā géi wǒ huí diàn huà
(Chǐng tā gáy wǒ hwáy dièn hwàh.)

My phone number is ... .
我的电话是…。

Wǒ de diàn huà shì... .
(Wǒ-dǔh dièn-hwàh shèr... .)

I'll call you back.
我给你回电话。

Wǒ géi nǐ huí diàn huà.
(Wǒ gáy nǐ hwáy dièn hwàh.)

Lover
爱人

Ài rén
(Ài-rén)

In mainland China this means "wife" or "husband," but in other countries it means "mistress" or "lover." Don't make the mistake of refering to someone's wife as their mistress.

**Electrifying sensation of
  love at first sight.**
起电.

Qǐ diàn.
(Chǐ dièn.)

Dièn literally means "electricity."

Chemistry
来电

Lái diàn
(Lái dièn)

This usually happens when one falls in love.

Old cows eat tender grass.
老牛吃嫩草。

Lǎo niú chī nèn cǎo.
(Lǎo nioú chēr nùn tsów.)

This refers to older men chasing younger women.

**Man trying to woo a
  woman.**
泡妞。

Pào niū.
(Pòw nioū.)

Woman trying to catch a rich man.
钓金龟婿

Diào jīn guī xù
(Diào jīn guāy xù)

Rich man
有钱人

Yǒu qián rén
(Yǒ chién rén)

Rich woman
富家女

Fù jiā nǚ
(Fù jiāh nǐu)

Miss.
小姐

Xiáo jiě
(Shiáu-jiěh)

Sir.
先生

Xiān shēng
(Shiēn-shūng)

Single man.
单身汉

Dān shēn hàn
(Dān-shēn hàn)

Single woman.
单身女郎

Dān shēn nǚ láng
(Dān-shēn nǐu láng)

Single person
单身贵族

Dān shēn guì zú
(Dān-shēn guày dzú)

Means "single, happy person."

Old single man
光棍

Guāng gùn
(Guāng-guèn)

A man who has never married.

Playboy
花花公子

Huā huā gōng zi
(Hwāh hwāh gāng dż)

You're very cute.
你很可爱。

Ní hén kě ài.
(Ní hún kǔh-ài.)

You're very pretty.
你很漂亮。

Ní hěn piào liàng.
(Ní hǔn piòw-liǎng.)

You're very beautiful.
你很美。

Ní hén měi.
(Ní hún mǎy.)

Very charming.
很迷人。

Hěn mí rén.
(Hún mí rén.)

You're so sexy!
你很性感。

Ní hěn xìng gǎn!
(Ní hǔn shìng-gǎn!)

You have a beautiful body!
你的身材很美!

Nǐ de shēn cái hén měi!
(Ni-dǔh shūn-tsái hún mǎy!)

You have beautiful eyes!
你的眼睛很美。

Nǐ de yàn jing hén měi!
(Ni-dǔh yièn-ging hún mǎy!)

Beautiful lady.
美女。

Méi nǚ
(Máy níu.)

Handsome guy.
帅哥。

Shuài gē.
(Swài gūh.)

You changed your hairstyle.
你变发型了。

Nǐ biàn fǎ xíng le.
(Ni bièn fǎh-shíng lǔh.)

I want to know more about you.
我想更了解你。

Wó xiǎng gèng liáo jiě nǐ.
(Wó shiǎng gèng liáu-jiěh nǐ.)

I like you!
我喜欢你!

Wó xǐ huān nǐ!
(Wó shǐ-huān nǐ!)

Do you like ... girls/boys?
你喜欢…女孩／男孩吗？

Ní xǐ huān… nǚ hái/nán hái ma?
(Ní shí-huān… nǐu-hái/nán-hái mǎ?)

Chinese.
中国人。

Zhōng guó rén.
(Jōng guó rén.)

American.
美国人。

Měi guó rén.
(Mǎy guó rén.)

I'm crazy about you!
我为你疯狂！

Wǒ wèi nǐ fēng kuáng!
(Wó wày nǐ fūng-kwáng!)

I'd like to take you out (on a date).
我想请你出来。

Wó xiǎng chíng nǐ chū lái.
(Wó shiǎng chíng nǐ chū-lái.)

Would you like to dance?
你想跳舞吗？

Ní xiǎng tiào wǔ ma?
(Ní shiáng tiòw-wǔ mǎ?)

Would you accompany me?
陪我好吗？

Péi wó hǎo ma?
(Páy wó hǒw mǎ?)

I'll see you home.
我送你回家。

Wǒ sòng nǐ huí jiā.
(Wó sòng nǐ hwáy jiāh.)

I miss you.
我想你。

Wó xiáng nǐ.
(Wó shiáng nǐ.)

I want you.
我要你。

Wǒ yào nǐ.
(Wǒ yòw nǐ.)

Close your eyes.
闭上眼睛。

Bì shàng yǎn jing.
(Bì-shàng yěn-jing.)

Open your eyes.
睁开眼睛。

Zhāng kāi yǎn jing.
(Jūng kāi yěn-jing.)

Kiss me!
吻我。
亲我。

Wén wǒ!
(Wén wǒ!)*
Qīn wǒ!
*(Chīn wǒ!***)*

Bad breath.
口臭。

Kǒu chòu.
(Kó-tsòu.)

Really stinks.
很臭

Hěn chòu.
(Hǔn tsòu.)

Hug me!
抱我!

Bào wǒ!
(Bàu wǒ!)

I'm yours.
我是你的。

Wǒ shì nǐ de.
(Wǒ shèr nǐ-dǔh.)

You're mine.
你是我的。

Nǐ shì wǒ de.
(Nǐ shèr wǒ-dǔh.)

I'm so happy!
我很高兴!

Wó hén gāo xìng!
(Wó hún gōw-shìng!)

Stay here.
留下来。

Liú xià lái.
(Lioú shiàh lái.)

Come close to me.
靠近我。

Kào jìn wǒ.
(Kòw jìn wǒ.)

What are you doing?
你在做什么?

Nǐ zài zuò shén me?
(Nǐ dzài dzuò shém-mǔh?)

I want to make love.
我想做爱。

Wó xiǎng zuò ài.
(Wó shiǎng dzuò ài.)

Excellent!
好极了!

Hǎo jí le!
(Hǒw jí lǔh!)

No way!
不行!

Bù xíng!
(Bù shíng!)

**I don't want to get
  pregnant.**
我不想怀孕.

Wǒ bù xiǎng huái yùn.
(Wǒ bù shiǎng huái-yuèn.)

Is today safe for you?
今天是你的安全期吗?

Jīn tiān shì nǐ de ān quán
  qī ma?
*(Jīn-tiēn shèr nǐ-dǔh ān-chuén
  chēe mǎ?)*

Are you using protection?
你有避孕吗？

Ní yǒu bì yùn ma?
(Ní yǒ bì-yuèn mǎ?)

Please use protection.
请你带保险套。

Qíng nǐ dài báo xiǎn tào.
(Chíng nǐ dài báu-shiěn tàu.)

Means "please wear a condom."

Condom (rubber)
避孕套

Bì yùn tào
(Bì-yuèn tàu)

Do you have your period?
你有月事吗？

Ní yǒu yuè shì ma?
(Ní yǒ yuèh-shèr mǎ?)

Are you on the rag?
你有月经吗？

Ní yǒu yuè jīn ma?
(Ní yǒ yuèh-jīn mǎ?)

I've got my period.
我的月经来了。

Wǒ de yuè jīn lái le.
(Wó dǔh yuèh-jīn lái lǔh.)

Is this your first time?
你是第一次吗？

Nǐ shì dì yī cì ma?
(Ní shèr dì ī-ts mǎ?)

Male virgin
童男子

Tóng nán zi
(Tóng nán dzǐ)

Female virgin
处女

Chù nǚ
(Chù- nǐu)

Old virgin
老处女

Lǎo chù nǚ
(Láu chù- níu)

An insulting term for an old, unmarried woman.

Take your ... off.
脱下你的…。

Tuō xià nǐ de....
(Tuō-shiàh nǐ-důh....)

Clothes
衣服

Yī fu.
(Ī-fǔ)

Coat
大衣

Dà yī
(Dà ī)

Shirt
衬衫

Chèn shān
(Chèn-shān)

Bra
胸罩

Xiōng zhào
(Shiōng-jòw)

Pants
裤子

Kù zi
(Kù-tż)

Dress
洋装

Yáng zhuāng
(Yáng-juāng)

Underwear
内衣

Nèi yī
(Này-ī)

Shoes
鞋子

Xié zi
(Shiéh-tż)

Body
身体

Shēn tǐ
(Shūn-tǐ)

Hair
头发

Tóu fa
(Tó-fåh)

Eyes
眼睛

Yǎn jing
(Yěn-jing)

Ears
耳朵

Ěr duō
(Ěr-duō)

Lips
嘴唇

Zuǐ chún
(Dzuǎy-chuén)

Chest
胸部

Xiōng bù
(Shiōng-bù)

Breasts
乳房

Ru fáng
(Rǔ-fáng)

Nipples
乳头

Rǔ tóu
(Rǔ-tó)

Rear end (ass)
屁股

Pì gu
(Pì-gǔ)

Navel
肚脐

Dù qí
(*Dù-chée*)

Vagina
阴道

Yīn dào
(*īng-dòw*)

Penis
阴茎

Yīn jīng
(*īng-jīng*)

Testicles
睾丸

Gāo wán
(*Gōw-wán*)

**Your ... is/are so
  (big/small)!**
你的…很（大／小）！

Nǐ de... hěn (dà/xiǎo)!
(*Nǐ-đuh... hǔn (dàh/shiǎu!)*)

Touch me!
摸我!

Mō wǒ!
(*Muō wǒ!*)

Don't touch me!
不要碰我!

Bú yào pèng wǒ!
(*Bú-yòw pòng wǒ!*)

Don't touch me there!
不要碰我那里!

Bú yào pèng wǒ nà lǐ!
(*Bú-yòw pòng wǒ nàh-lǐ!*)

Don't do that!
不要这样子!

Bú yào zhè yàng zi!
(*Bù yòw jùh yàng-dž!*)

Stop!
停止!

Tíng zhǐ!
(Tíng-jǐ!)

I'm a little nervous.
我有点紧张。

Wó yóu diǎn jǐn zhāng.
(Wó yó dién jǐn-jāng.)

Don't be nervous.
不要紧张。

Bù yào jǐn zhāng.
(Bù yòw jǐn-jāng.)

I'm afraid.
我很怕。

Wó hěn pà.
(Wó hǔn pàh.)

What are you afraid of?
怕什么?

Pà shén me?
(Pàh shém-mǔh?)

Don't worry about it.
不要担心。

Bú yào dān xīn.
(Bù yòw dān shīn.)

Bite me!
咬我!

Yáo wǒ!
(Yów wǒ!)

Lick me!
舔我!

Tián wǒ!
(Tién wǒ!)

Blow me!
吸我!

Xī wǒ!
(Shī wǒ!)

Softer.
轻一点。
别使劲。

Qīng yì diǎn.
(Chīng ì-dién.)
Bié shǐ jìn.
(Biéh shǐ-jìn.)

More tender.
温柔一点。

Wēn róu yì diǎn.
(Wēn-ró ì-dién.)

Stronger.
使劲一点。

Shī jìn yì diǎn.
(Shǐ-jìn ì-dién.)

Missionary style.
正常体位。

Zhèng cháng tǐ wèi.
(Jèng-cháng tǐ-wày.)

Girl on top.
骑乘体位。

Qí chéng tǐ wèi.
(Chí chùng tǐ-wày.)

Doggie style.
后背体位。

Hòu bèi tǐ wèi.
(Hò-bày tí-wày.)

Have you come?
你高潮了吗?

Nǐ gǎo cháo le ma?
(Nǐ gōw-chów lǔh mǎ?)

Not yet!
还没!

Hái méi!
(Hái máy!)

I haven't come!
我还没高潮!

Wǒ hái méi gāo cháo!
(Wǒ hái máy gōw-chów!)

Oh no!
哎呀!

Aì ya!
(Aì-yǎ!)

Orgy.
杂交。

Zá jiāo.
(Záh-jiōw.)

I'm coming!
我快高潮了!

Wǒ kuài gāo cháo le!
(Wǒ kwài gōw-chów lǔh!)

I've come!
我高潮了!

Wǒ gāo cháo le!
(Wǒ gōw-chów lǔh!)

I feel good!
我好爽!

Wó háo shuǎng!
(Wó hów shuǎng!)

Sometimes said after sex.

You do it so well!
你做得很好!

Nǐ zuò de hén hǎo!
(Nǐ dzuò-dǔh hún hǒw!)

You're brilliant!
你很厉害!

Ní hěn lì hài!
(Ní hún lì-hǎi!)

I love you!
我爱你!

Wǒ ài nǐ!
(Wǒ ài nǐ!)

I don't want to leave you!
我不想离开你!

Wǒ bù xiǎng lí kāi nǐ!
(Wǒ bù shiǎng lí-kāi nǐ!)

I can't live without you!
我不能没有你!

Wǒ bù néng méi yóu nǐ!
(Wǒ bù núng máy yó nǐ!)

One more time.
再来一次。

Zài lái yí ci.
(Dzài lái lí-tz.)

I'm pregnant.
我怀孕了。

Wǒ huái yùn le.
(Wǒ hwái-yuèn lǜh.)

Abortion
坠胎

Duò tāi
(Duò-tāi)

Let's get married!
我们结婚吧!

Wǒ men jié hūn ba!
(Wǒ-mėn jiéh-hwēn bả!)

I want to marry you!
我想嫁给你!
我想娶你!

Wó xiǎng jià géi nǐ!
(Wó shiǎng jiàh gáy nǐ!*)
Wó xiǎng qú nǐ!
(Wó shiǎng chíu nǐ!**)

* For women only.
** For men only.

I have a ...
我有…。

Wó yǒu... .
(Wó yǒ... .)

I don't have a ...
我没有…。

Wó méi yǒu... .
(Wó máy yǒ... .)

I want a ...
我要…。

Wǒ yào….
(*Wǒ yòw….*)

I don't want a ...
我不要…。

Wǒ bú yào….
(*Wǒ bù-yòw….*)

Girlfriend
女朋友

Nǚ péng yǒu
(*Nǐu-póng-yǒ*)

Boyfriend
男朋友

Nán péng yǒu
(*Nán-póng-yǒ*)

Wife
太太

Tài tai
(*Tài-tǎi*)

Husband
丈夫

Zhàng fū
(*Jàng-fū*)

I don't love you!
我不爱你!

Wǒ bù ài nǐ!
(*Wǒ bù ài nǐ!*)

**I can't go out with you any
 more.**
我不能再跟你出去了!

Wǒ bù néng zài gēn nǐ chū
 qù le!
(*Wǒ bù néng zài gūn nǐ chū
 chìu lǔh!*)

I've got another lover.
我爱上另外一个人。

Wǒ ài shàng lìng wài yí ge rén.
(Wǒ ài-shàng lìng-wài í-gǔh rén.)

I'm jealous of him/her.
我很嫉妒他／她。

Wó hěn jì dù tā.
(Wó hún jì-dù tā.)

Let's end our relationship!
结束我们的关系吧!

Jié shù wǒ men de guān xì ba!
(Jiěh-sù wǒ-mén-dǔh guān-shī bå!)

I've got a sexual disease.
我中标了。

Wǒ zhòng biāo le.
(Wǒ jòng biōw lǔh.)

I've got ...
我有…。

Wó yǒu....
(Wó yǒ....)

You gave me ... .
你传染…给我了!

Nǐ chuán rǎn... géi wǒ le!
(Nǐ chuán-rán... gáy wǒ lǔh!)

AIDS
艾滋病

Ài zi bìng
(Ài-dz bìng)

Herpes
疱疹

Pào zhěn
(Pòw-jǔn)

Gonorrhea
淋病

Lín bìng
(*Lín-bìng*)

Syphilis
梅毒

Méi dú
(*Máy-dú*)

Whore, prostitute
妓女

Jì nǚ
(*Jì-nǐu*)

Vogue
Expressions 8

I'm ugly but I'm tender.
我很丑，可是我很温柔。

Wó hén chǒu, kě shì wó hén
    wēn róu.
*(Wó hún tsǒu, kǔh-shèr wó hún
    wēn-ró.)*

Usually said by men.

Sexy lady.
正点。

Zhèng diǎn.
(Jèn-diěn.)

Very cute (fashionable).
很酷。

Hěn kù.
(Hǔn kù.)

**Person completely out
  of style** *(geek, hick).*
乡巴佬。

Xiāng ba lǎo.
(Shiāng-bǎ lǎu.)

Stupid-looking person.
傻瓜。

Shá guā.
(Shiǎh guāh.)

A genius may look stupid.   Dà zhì ruò yú.
大智若愚。   *(Dàh jèr ruò yíu.)*

This is an old expression (not exactly in vogue), but is a nice come-back if anyone ever accuses you of looking stupid.

You've solved a problem.   Bǎi píng.
摆平。   *(Bǎi píng.)*

I want to make love.   Wó shiáng dǎ pào.
我想打炮。   *(Wó shiáng dǎh pòw.)*

Wrinkles by eyes.   Yú wěi wén.
鱼尾纹。   *(Yíu-wǎy wén)*

In the West such wrinkles are known by the slang "crow's feet," as if stepped on by such a bird, but the Chinese don't see it that way. They envision a fish whose body is your eye and whose tail is the wrinkles. The expression literally means "fishtail wrinkles."

FOR THE LOVE OF BASEBALL!

Many Chinese love to play baseball—so much so that they've come to refer to many things with baseball-related terminology—just like Americans.

First base (got a date)　　Yī léi dǎ.
一垒打　　　　　　　　　　*(Ī-láy-dǎh.)*

Second base (held hands)　Èr léi dǎ.
二垒打　　　　　　　　　　*(Èr-láy-dǎh.)*

Third base *(kissed and*
　fooled around a bit)　　　Sān léi dǎ.
三垒打　　　　　　　　　　*(Sān-láy-dǎh.)*

Home run (made love)　　Quán léi dǎ.
全垒打　　　　　　　　　　*(Chuén-láy-dǎh.)*

A RATING SYSTEM

The Chinese are extremely polite people and are such even when young men are rating women. The following is used by men to categorize women by appearance.

She is very beautiful.　　Tā hěn piào liàng.
她很漂亮。　　　　　　　　*(Tā hǔn piòw-liǎng.)*

This is said of extremely beautiful women.

She is very cute.
她很可爱。

Tā hén kě ài.
(Tā hún kǔh-ài.)

This is said of women of moderate beauty.

She is very patriotic.
她很爱国。

Tā hěn ài guó.
(Tā hún ài-guó.)

This is said of plain-looking women.

She obeys the rules well.
她很守规矩。

Tā hén shǒu guī jù.
(Tā hún shǒ guāy-jiu.)

This is said of ugly women.

Her writing is very beautiful.
她的字很漂亮。

Tā de zì hěn piào liàng.
(Tā dǔn dz hún piòw-liǎng.)

This is said of extremely ugly women.